ODISEA DE LUGARES COMUNES

Alberto Redondo Salas

Autores Editores SAS.

Odisea de lugares comunes
@ Alberto Redondo Salas, 2019
Derechos reservados.

Carátula: Brugge, Bélgica – Fotografía de Alberto Redondo Salas.

ISBN: 978-958-48-7658-4

Editorial: Aurores Editores SAS.
www.autoreseditores.com

Impreso en Bogotá, Colombia.

Al Creador, por la poesía del universo.

*A los portadores de la chispa de nuestra vida y
guardianes del testimonio de nuestra existencia:*

*Albert Camilo y Adrián Emmanuel.
Isabella y Sergio.
Samantha y Dylan*

Índice

Prólogo

Odisea de lugares comunes, es esencialmente un libro de poemas de amor. Y, si se quiere, de todas las vertientes probables del amor. Pero en él, como en toda gran obra, cabe el mundo entero. Podemos rastrear en sus entresijos, cifradas interpolaciones y elegantes analogías; también estremecidas nostalgias, sueños, anhelos. Se esconde tras su cadencia una voz superior, una especie de conciencia insondable que hace parte del autor y que aprovecha la duermevela para escaparse por ahí y ser testigo del universo, para notariar esa cauda de acontecimientos que se nos antojan sobrenaturales y que, no obstante, nos son comunes a todos los hombres. Contaba Borges en su reseña sobre *Casa tomada*, que cuando Dante Gabriel Rossetti leyó *Cumbres borrascosas* le escribió a un amigo: "La acción transcurre en el infierno, pero los lugares, no sé por qué, tienen nombres ingleses". Esa especie de yuxtaposición mental es la que —como en el cuento de Cortázar— sucede en este libro. Parecería que el autor está hablando de una simple vivencia amorosa, de una evocación sentimental o de una melancolía, pero en realidad está describiendo la vida, la existencia toda, desde su chispa primigenia hasta el caos de nuestros días.

Y es que no escapan a la poesía de Alberto Redondo Salas, ni las anécdotas de centros comerciales ni los viajes por asteroides o por planetas lejanos. Tampoco el escudriñamiento de Tierradentro, la vivencia de la paternidad, la madurez al momento de afrontar las polémicas estériles y la impotencia misma ante la infructuosa posibilidad del verso. Es difícil sustraerse, a tenor de este último tema, de una estrofa que da buena cuenta de la excelencia de esta obra: *"Silencio espiritual de las musas./Odio de poeta./¿Por qué tan fuerte me golpeas?/¿Será acaso por la impotencia de vivenciar /el ocaso de los poemas que nunca amanecieron?"*. Casi todos los experimentalistas, incluidos Carrión y Guillermo Deisler, se apoyaron en aditivos visuales para dotar de mayor contundencia a la poesía. Alberto Redondo Salas, con esta milimétrica obra los desmiente. No necesita más que la palabra para exacerbar nuestros sentidos. Ya decía Roland Barthes, en consonancia con la propuesta de Schiavetta: "Y, sin embargo, los poetas optan siempre por el partido de Cratilo".

Aurelio Pizarro

Prefacio

Escribir estas líneas tiene tanto que ver con mi vida, que realmente no sabría por dónde comenzar. *Odisea de lugares comunes* es una compilación de mis poemas escritos en las últimas dos décadas, realmente este libro es una deuda que tenía con mi proyecto de vida, y una cuenta por saldar con todas aquellas personas que me han acompañado durante este periplo, y que me instaron todos los días a publicar mis escritos. Entre los poemas, que comúnmente denomino acercamientos, se filtraron algunos fragmentos en prosa y reflexiones, a los que llamo matices, y que también han hecho parte de este trasegar enamorado de la escritura.

Esta antología no es mía, es más bien un homenaje para las personas que inspiraron cada historia, a las conocidas, las desconocidas y las imaginarias; a quienes compartieron sus sentimientos, pensamientos y momentos conmigo, a aquellas que permanecen escribiendo las páginas de su vida cerca de mí, y también a las que se fueron para nunca más volver.

Tengo que aceptar que, después de tantos años, algunos de los escritos me han sorprendido, unos me han abrumado, mientras que otros me han permitido revivir grandes momentos; pero lo que más me ha impresionó, es la forma cómo evoqué los lugares más absurdos en donde los escribí -lo que resulta paradójico con respecto al título de esta obra- pues la mayoría de estos tuvieron lugar en escritorios de salones de clases, en centros comerciales, entre el desespero del tráfico o en aeropuertos, y de verdad hubiese preferido que brotaran y maduraran mirando al mar o en la tranquilidad de mis noches frente al computador.

La materialización de este proyecto me obliga a recordar a dos personas que fueron determinantes en el despertar de mi pluma, una de ella es mi abuela Elida, quien, como reza en la nota preliminar, me regaló la poesía y me demostró las maravillas mágicas de la rima y el verso; y la otra, es mi siempre profesor José Arroyo Vizcaíno (Q.E.P.D.), quien creó las condiciones, los retos y la crítica que avivaron mi chispa por escribir.

Así que los invito a hacer un recorrido por mis matices y mis acercamientos a la poesía, toda una odisea, repleta de historias fluctuantes e innumerables, algunas favorables, otras adversas, pero que al fin y al cabo quedaron atrapadas entre el papel y el grafito, y hoy ven la luz a través de este libro.

Con afecto,

Alberto Redondo Salas.

Nota preliminar

Deseo aprovechar este rincón para brindar mi más profundo agradecimiento a la viejita que me regaló la poesía y me demostró las maravillas mágicas de la rima y el verso:

"En un pozo calicante
como tentado del demonio
quiso ahogar al pobre Migue
su hermano Rosendo Antonio."

"Qué más quieren mis paisanos,
ahora si lo van a vé
el orgullo de las palmeras
y el Castillo de Bollé."

"Miguel Leiva fue a pescar
con su hermano allá en la loma,
como no encontraron peces
sólo trajeron palomas."

A mi abuela Elida.

ACERCAMIENTOS

¿Adónde has ido?

Si inspiraste la luz al final de todos los caminos
la frase perfecta que terminó el poema eterno
si eres la conclusión de todas las historias
la bahía y el puerto de cada retorno.

Si estuviste en el matiz de la aurora
en el sabor y en piel
si anduviste silente en cada palabra
en cada frase, en cada oración.

Si fuiste los versos, los autores y las letras
los ojos, la miel y también la pasión
si dormiste en mis sueños, mis pensamientos
en mis pausas y en mi andar pausado.

Si acariciaste mi mano y mi beso,
mi tiempo, mi ayer y mi presente
si forjaste mi escudo y mi lanza
mi batalla y mi destino.

Si trenzaste los caminos, las distancias
las compañías y los secretos
si mezclaste la canela y el azúcar
los anhelos y los gustos.

Si danzaste entre las sonrisas de la vida
entre la armonía de mi canción
si tomaste de mi vino, de mis mares
de mi razón y mi corazón.

Si nunca fuiste la soledad ni el olvido
ni la tristeza ni el desamor
¿Por qué no estás?
¿Adónde has ido?

Ahora (Sin filtros)

A pesar del tiempo…
Aún conservo mi mejor abrazo sin edición
una sonrisa del alma sin filtros
y una frase perfecta sin corrección.

Aún atesoro mis paisajes sin retoques
mi corazón sin alteraciones genéticas
y mi amor sin fecha de vencimiento.

Aún conservo mi caricia espontánea sin pulir
la emoción de mis labios sin artificios
y mi locura burbujeante sin argumentación.

Aún guardo la innegociable esperanza
de ser la certeza de tus dudas más jóvenes
y la excusa ideal de tu nueva ilusión.

☐

Angelmoon

Apareces tan sincera y callada
viva como la flora intensa
que engalana tu habitar
y como al rayo de sol
con pasión te miro, me miras.

Me encuentras
mientras te descubres en silencio,
me tocas, permites que te toque
y sin saberlo me confundes.

Me atrapas, te atrapo
cuando te entregas
a los brazos tibios del amor,
también cuando sonríes y transformas el mundo
mientras danzas entonando una canción.

Te extraño, me extrañas
mientras me marcho pienso:
no estarás, no estaré
y cuando me encuentre de nuevo frente al mar,
en silencio me amarás,
yo en silencio te amaré.

Balcón que escribe

En amaneceres y tardes de felicidad y quimera
cuando el sentimiento aflora y nace del sol
el instante invade como la vez primera
brotando un verso que se deshace en flor.

En noches y tardes de honda sensación
a su lado virgen aguarda un papel
y como empuña el labriego sediento el azadón
aprieta la pluma color de oropel.

En tardes y tardes del tiempo distantes
mi balcón estalla en su trascender
renace como hoy o quizá desde antes
mas escribe y describe su razón de ser.

No importa su alma, briosa o mansa
tiene un medio de vida y de respiración
cuando escribe se asoma, cautiva y alcanza
pero siempre a la sombra de su corazón.

En obstinado sendero cual ave de sueños
si escribe descubre su nueva conquista
perenne, sin desmallar en su empeño
de la rima se adorna en canto optimista.

En sus vagas ideas se entreteje
el sentimiento de la guitarra en arpegio
la justificación lapidaria del hereje
y del poeta el último florilegio.

Alberto Redondo Salas

Con su mirada de sabio paciente alimenta
en su amada el corazón de esperanza
si su pluma sin razones se ausenta
ha escapado del mundo y en silencio descansa.

No sé explicar si a voluntad o inconsciente
más mi balcón late y vive
y en su lenguaje disiente
mi balcón siempre escribe.

Llovía como llueve...
en las ciudades tristes...
Leonardo Fabio.

Calles sin destino

Deambulé por calles sin destino,
te busqué en los ojos de algún niño triste,
me enfrenté a odios y soledades
me llené de ocasos en invierno frío.

Pasaste a escondidas por mis tiempos
y me perdí por rutas sin camino,
respiré entre canciones de concreto
mientras la ciudad me cercaba entre sus dedos.

Disfruté de cada segundo de los semáforos en rojo,
perseguí una gota de lluvia entre las luces,
vi nacer palabras solemnes atardecidas,
entre conversaciones de árboles reverdecidos.

En la acuarela iluminada de sereno
que pincelaba sendas sin sentido,
me siguieron penumbras de calles sin destino,
me encontró la lluvia sin corazón ni olvidos.

Confesión

Más allá de la belleza que te cubre,
de la luz y dulzura en tu sonrisa,
de la tranquila tristeza en tu mirar,
¡Te quiero!
Pronunciar estas palabras para ti,
es repetir el eco elemental de la poesía
que nació con el cosmos en su primer día.

Pero decir que he recorrido planetas y asteroides
buscando tu aura, tu esencia
y mientras esculcaba sueños
he tallado en mi andar
rutas de corazones solitarios
e ilusiones desvanecidas que fenecieron al abandono.
Decir que hoy, que por fin te encontré
renuncio a todos aquellos caminos y veredas,
a la palabra, a los besos,
a los lazos invisibles con el pasado.
Parecerá un tanto extraño
y será motivo para que más de uno,
con todo el peso de su moralidad y virtud
me juzgue y declare: necio o loco.
Acepto pues entonces esta locura de amor
y la necedad de vida que me regala
el estar tan prendido a ti.

Necedad y locura compañeras de este viaje
me dicen una vez más

que, si todo fáltese y estás aquí,
sabrás llenar cada vacío;
podrá desvanecerse el castillo más alto a mis pies,
porque a tu lado cualquier reino será reedificable.

No quiero terminar esta confesión
sin antes retomar la idea que perdí
entre el pulso tembloroso y las frases fugaces
frutos de la emoción al dibujarte mis sentimientos:
Condenaría al olvido en juicio parcializado
cada historia hasta ahora vivida,
olvidaría un mundo de cosas más,
renacería, recomenzaría,
cuando sin temor a cataclismos
de sesgos y prejuicios,
el mundo sepa que desde los remotos
confines de la felicidad...
¡Te quiero!

Alberto Redondo Salas

Conmigo

Sé que llegaste a mi vida hace ya mucho tiempo,
brindando tu vida, dándome aliento,
has estado en los momentos de profunda dificultad,
también en los instantes de júbilo y felicidad.

Te recuerdo, sé cómo y cuánto has cambiado,
ayer y siempre te he sentido a mi lado.
Has sido maravillosa compañía,
sonrisas y a ratos, también melancolía.

Soportas mi olvido,
también las ocasiones en que si querer te he herido.
Has sido cientos de veces mis despedidas,
un universo de veces mil bienvenidas.

Recuerdas los detalles del más simple momento,
me preguntas a menudo si aún lo vivo, lo siento,
y muchas veces he callado,
que llevo conmigo cada instante a tu lado vivido.

El tiempo que pueda pasar o
la distancia que nos pueda separar,
jamás me logran inquietar,
sé que pasare lo que pasare,
en mi corazón, junto a los más lindos sentimientos,
por siempre permanecerás.

Por tu apoyo sin condición, tu confianza,
las confidencias, las esperanzas,
pero sobre todo por nuestra amistad,
a Dios agradezco que una vez más,
muestre su eterna e infinita bondad.

Septiembre de 1996.

Alberto Redondo Salas

De saber que vendrías

De saber que vendrías,
le hubiese pedido a Dios huestes de ángeles,
que entonaran la más celestial de las melodías.

Hubiese atesorado intactos,
los sosegados y cálidos instantes,
que solo emanan radiantes del contacto
con el corazón del eterno amante.

De saber que vendrías,
hubiese guardado en un cofre,
las verdades que, desde siempre,
mi alma gritar quería.

Hubiese enredado en tu pelo,
como recuerdo de aquel momento,
un claro de luna y cielo,
que se llevara mi vida, se llevara mi aliento.

De saber que vendrías,
te hubiese recibido al pie de un nostálgico balcón,
de donde colgaran dulces y románticas poesías
y titilara con vehemencia un corazón.

A la rosa le hubiese pedido,
una gota de tersura carmesí,
para con ella acariciar envanecido,
la piel que es belleza en ti.

Hubiese consultado gitanas y adivinos,
que señalaran sin vacilar el día,
en que la mano simple del inmortal destino,
trenzara tu vida eternamente a la mía.

Pero, de saber que vendrías,
no estaría tan deslumbrado,
y estos versos jamás alguien leería.

* * *

*Pero saber que a mi vida llegarías, es como querer robarle a la vida el
encanto y misterio de saber qué colores tendrá el amanecer de mañana.*

Debo

Debo soñar con tu abrigo
y esconder lo que gritan mis ojos
mientras tu mano no está más conmigo
y la soledad triste mitiga los enojos.

Debo imaginar que rozo suavemente tu piel
y besar a solas tus labios en silencio
mientras cada atardecer me sabe a hiel
y mi desespero solemne presencio.

Debo oírte de lejos con paciencia
y que tus palabras se escapen al viento
mientras mi sonrisa juega con su ausencia
y el mundo condena lo que por ti siento.

Debo soportar que camines con tu soledad
y algunas historias se vistan de dolor y sal
mientras te sumerges en un verano de ansiedad
sin saber que tu sed se esconde en mi manantial.

Debo en este lugar sin temores decir
que ya basta de este silencio cansado
el amanecer me aconsejo por fin admitir
que necesito tu paisaje para mi pincel enamorado.

Decidle

Si te encuentras con mi amada,
decidle que este tiempo compartido
me mostró que podría estar a su lado
por toda la eternidad y unos años más.

Decidle que mientras desliza
su cabello radiante por mi espalda
me sumerge tibiamente
en los océanos del amor.

Si acaso puedes, por favor dile:
que mi vida se prendió a su piel
y las esperanzas tomaron vida
entre sus blancas manos.

Si la encuentras, decidle:
que como a viajera estrella fugaz
mis ilusiones la persiguen en las noches
la persiguen cada día.

Si te encuentras con ella, por favor dile:
que mi poema se perdió en su sonrisa,
Y una tarde guardó silencio
para hacerse un suspiro de su corazón.

Ángel de su paz,
si la encuentras en un sueño,
decidle que despierte,

que abra sus ojos
y que mire en los míos
lo mucho que la han amado,
todo lo que la aman
lo eterno que la amarán.

Agosto de 2001.

Despedida

Una soberbia sensación de soledad
se desprende de los perdidos mausoleos del alma,
la luz que en la inmensidad titila
no es la luciérnaga que retoza en la etérea noche,
es la forma que adquirió tu despedida,
y el ruido de las turbinas que desgarró mi ser
es apenas un susurro que enmudece de frío.

Presiento que las cartas y postales
no tendrán las palabras exactas que
mis besos por ti pronunciarán,
presiento que te lloraré en silencio,
y que mis lágrimas quizá se cansen
de dibujar mi rostro como ahora lo hacen.

La certeza siempre estuvo,
mas, que fácil lo olvidé,
nuestra unión, flor de un día;
pero el sueño cuando se hace amor
no conoce dimensiones,
tan solo la sublime comunión.

Ya nadie se conmoverá con los mendigos
y los perros de la calle,
no habrá flores, ni lluvia, ni sol, ni luna,
no estará más tu sonrisa,
solo queda el dolor y olvidar por segundos
la absoluta desolación que dejó tu adiós.

Alberto Redondo Salas

Cuando despierte de tan dantesca pesadilla,
y tu ausencia me devuelva cansado al mundo,
regresaré tímido a la niñez,
y en la tibia candidez de mi cama,
esperaré paciente la mágica navidad en febrero,
que te traiga de nuevo
como un regalo eternamente esperado.

Diálogo

Será escribir...
Quizá en prosa, un poco en verso,
pero sentir
e inventar un diálogo transverso
contigo que hoy estás
y con todos los que no existen
que se marcharon, se marchitaron

Un diálogo del que por fin aprenda
que la vida se vive entre dos
y no entre uno o entre mil,
que yo tengo tus palabras, tu voz
y hablar de vez en cuando
no sienta mal;
que para unir dos océanos
siempre hará falta un canal.

Alberto Redondo Salas

Diré que sí

Hoy, cuando ya no estás
sólo me queda buscar el rastro de tu aroma
entre las páginas del libro
que alguna vez fue tuyo.

Hoy sé, que no sólo quedan
tus huellas entre las pálidas hojas,
viven en la sazón de cada nueva historia,
deambulan mezcladas con la senda de mi holocausto.

El árbol que creció hasta ti,
florece en otoño frustraciones
y me balancea en la tortura de esperarte y no.

Algunas veces sin forzarlo
encontramos un día tuyo y mío,
no hay, ni hubo, ni habrá jamás
un día nuestro.

Fui yo, quien llamó a tu puerta
y esperó hasta el amanecer
tu voz al otro lado del teléfono.

Fuiste tú, quien inventó una serenata,
los silencios profundos
un piano para dos
y una partida sin retorno.

Aquí, de nuevo, perdido,
lejos de lo que cambia o perdura,
después de sumergirme en azul meditación,
a todo lo que me digas
diré que sí.
□

Alberto Redondo Salas

Dos mil años

Los calendarios señalan de nuevo navidad,
de luces destellantes,
florecen los jardines,
retozando entre la brisa fresca,
regresa inmarcesible el dulce poema
y la alegoría a la vida de verte.

De seguro regresarás más linda,
en tus pupilas inquietas y enamoradas
el cielo vertió sus amaneceres azules,
por las noches profundas e iluminadas
la luna dorada descansó en tus cabellos,
en los días de primavera infinita y melodiosa
los rosales besaron la esperanza en tu piel.

Cuando llegues en cuerpo a mi alma
reinventarás las formas, los caminos
te vestirás de presente para soñar el futuro
y notaré que tus manos han descubierto más mundos
y tus ganas han dibujado nuevos horizontes.

Mientras tanto,
los calendarios señalan de nuevo navidad
y yo sentiré como siempre,
que no me alcanzarán dos mil años más
para gastar tanto amor.

☐

Eclipsados

He extraviado sin notar
mis más sentidos versos,
son muchas las noches de desespero
que en vano busco sin poderlos hallar.

¿Será que acaso yacen agonizantes
en los destellos de tu aurora,
o quizá oscurecieron
en los rincones de tu ocaso?
¿Será que se perdieron
en los laberintos de tu seguridad,
o tal vez reposan menguantes
en tu sonrisa llena de inmensidad?

¿Será que tan sólo viven eclipsados
ante el brillo de tu amor
o puede ser que naufragaron
entre las verdes colinas de tu ciudad?
¿Será que acaso se asfixiaron
en tu suave transpirar
o quizá los has robado
con honradez y humildad?

¿O será que sin saber cómo ni cuándo,
en ciego afán hice de ellos ancla
para aferrarme a tu alma por toda la eternidad?
De haber sido así, compañera mía,

renuncio a la búsqueda,
los entrego a las abisales profundidades,
los brindo a las algas y a sus amigos marinos.
Por favor acepten entre ustedes
mi único tesoro,
hagan de mis versos naturaleza y vida,
ocúltenlos en los misterios de la profundidad del mar.

Seguramente un día, trovadores arrecifes coralinos
entre ecos las leyendas contarán
de un poeta que hace muchos años ya,
cambió un cálido puerto para su ilusión
por sus más preciados versos,
nacidos del corazón.

En el centro comercial

Siempre que almuerzas en el centro comercial
observas la pareja de enamorados
que clavan recíprocas sus miradas
al compás de cada cucharada.

Sientes el par de hermanos
que discuten con ardiente calor
cuál de los dos gastó más en su comida.

Ves la chica con la cabeza enterrada
escudriñando sus esperanzas
entre los clasificados de la prensa.

Descubres en el sonido de ambiente
la canción que algunos cantan,
la mayoría balbucea
y otros tan sólo siguen con los dedos.

Ves los muchachos que exploran con fugaz mirada
las formas de la hermosa mujer
que promociona el perfume de moda.

Contemplas los estudiantes
ensimismados en fratricida guerra
de preguntas y respuestas de la próxima evaluación.

Presencias la puesta en escena del don Juan
que pide disculpas por el tropiezo descuido
con la dulce señorita que apenas entraba.

Y observas también algún tonto, soñador,
bohemio y solitario
que detalla mientras come,
a los enamorados, los hermanos,
la dama, los muchachos
los estudiantes y el don Juan.

En silencio

Me hice poeta y trovador
aventurero, sin temor,
anduve por planetas y asteroides
en busca de tu corazón.
Y como sólo se aman las cosas sublimes,
en silencio te amé,
aunque entre voces, gritos y susurros,
también te amé.
Enceguecí de amor
creí tener el mundo entre mis manos,
pero el mundo tierra y agua,
por entre los dedos se me escapó.
La memoria se apoderó de mi alma,
sobre mis hombros pesa la soledad,
escondida en el bolsillo de mi pantalón,
un día envejeció en silencio la felicidad.
Cada segundo sin ti,
duele en el tic tac de mi reloj,
duele como lluvia de espinas
sobre el dorso desnudo de un niño.
Cada lágrima que del dolor brota,
tiñe de amargo el aire que respiro.
Pero esperando un amanecer en que no te ame,
en silencio pienso, sonrío y suspiro.

Eres

Eres milagro de luna llena
en pleno medio día,
color de mujer serena,
vestida de coraje y valentía,
trinar de avecilla viajera
que emprende tan largo vuelo
en busca de la infinita primavera,
en que se fundan colores, flores y cielo.

Gota de lluvia que sin aviso,
irrumpió en la tierra desolada,
para dar nuevo matiz al hechizo
de ser regazo y noble morada
del fértil misterio de la naturaleza.

Rayo de sol que entre la tormenta,
hizo surcos con los grises nubarrones
y que orgulloso y radiante alienta,
a los dormidos y tímidos corazones,
a escribir una nueva historia,
en que el amor sea símbolo de la victoria.

Razón de ser de mi mejor verso,
musa de la más linda de las poesías,
dueña del todo en mi universo,
aurora en cada nuevo día,
habitante del bosque de la ilusión,
timonel del barco de mi alegría,

que sin piedad ni contemplación,
desterró de mi mundo la soledad y la melancolía.

Amiga de mi verdad,
amante del sentimiento que te profeso,
espero que hacia la posteridad,
emprendamos un viaje sin regreso,
en que cuando los años otoñezcan nuestras vidas,
puedas escuchar de mis labios,
que aún te amo sin fronteras ni medidas.

Esperanzas

Espero que no renuncies a compartir conmigo
cada pensamiento que surque tu mente,
espero que cada idea que surja a causa de mis
palabras te ayude a construir.
Espero que mi respuesta
por dura que parezca,
dé luz a tus decisiones.
Espero que sonrías cada día, como tributo a nuestro amor,
sabré entonces así, que he logrado buenos
recuerdos de mi vida en ti,
y habré aportado felicidad a quien quiero.
Espero poder siempre describirte mis deseos,
compartirte mis presentes,
hacerte parte de mis mañanas.
Espero anhelar siempre tu presencia
y hacerte sentir que necesito hablarte de mis cosas,
de mis historias, de los míos,
tengo tanto por contar, consejos que escuchar.
Espero que crezcas y madurez en libertad
y que nuestro sentimiento sea la mejor de las razones
para conquistar el universo y sus alrededores.
Espero extraviar eternamente
mis suspiros furtivos
entre tus besos enamorados.

Cada esperanza que ilumina mis auroras,
es más que un simple deseo,
es el resultado de sentir que

el tiempo pasó,
y me dejó cosas que no puedo cambiar;
que el tiempo pasó,
y me dejó cosas que no quiero perder:
tu oído atento que me escucha con devoción
y tu palabra de apoyo que nace del corazón.

▢

Alberto Redondo Salas

Estaré, estarás

Cómo explicarle al mundo
que la voz profunda
en silencio me dijo
que te mirase a los ojos
porque estarás conmigo
y algún día te diré al oído
toda suerte de cosas lindas.
Que estarás conmigo,
en la batalla rutinaria del vivir
en cada nuevo sueño
en todas las esperanzas
poblando de colores mi ilusión.
La voz profunda me repetía
que te guardara en la memoria
porque estaré contigo
para ser la luz en tu camino,
tu abrigo en las tardes de lluvia
y el guardián de tus venturas.
Que estaremos juntos
compartiendo la mirada
retratando nuestro paisaje
y que un simple día, al despertar,
un destello de tu alma
se derramará sobre mi
tejiendo un amanecer florido
que iluminará mis días.

Extinciones

Se extingue la vida,
pero no como fenece en un silencio triste
la llama de la vela,
se escapa cual luciérnaga que
inicia sin cesar en vuelo eterno,
rumbo a la luz suprema,
cargada de amor y enceguecida.

Se extingue la estrella,
renuncia inerte a su fugacidad,
y yo renuncio a ti hasta siempre,
entre rocío y lágrimas
reclamo a la tierra el espacio
en donde descansarán los
motivos de nuestra fantasía.
No volverá a rozarte la sombra
irracional de mis deseos.
No estarás más entre mis soledades,
nunca más oirás en el trinar
pausado de mis palabras
el bosquejo de la más naciente poesía.

Se extingue la pluma,
junto a ella marchitan las fuerzas,
los impulsos, los instintos.
queda un libro abierto,
víctima inerte
de la indolencia del sol y la lluvia.

En sus comienzos
un capítulo a medio esculpir,
cuya mano escribiente
olvidó los peligros inhóspitos
de edificar su historia
sobre las escabrosas páginas
que omiten algún mandamiento
de la Ley de Dios.

□

Han cambiado los tiempos

Ya la luna no brilla como cuando eras joven,
han cambiado los tiempos.

Los niños crecieron, son unos hombres ahora,
ayudaste a crecer hijos y nietos,
sembrando en todos un poquito de ti,
algunos de los tuyos,
de quienes guardabas historias, han partido.

Ya la poesía no tiene la esencia que tú adorabas,
han cambiado los tiempos

Tan sólo tú...
Transformas en paciente arte la aguja y el hilo
recuerdas de enero las cabañuelas,
predices si lloverá cuando los nubarrones
se acercan desde el río al oriente,
cuentas historias de un pasado en olvido,
piensas en las noches frías y la luz de las velas,
guardas algo en tu alacena para la familia,
declamas composiciones de escuela que todos olvidaron,
admiras las maravillas de la obra de Dios
entre las formas y colores de las plantas en tu jardín.

Ya tu sonrisa no aflora como ayer,
han cambiado los tiempos.

Alberto Redondo Salas

Tus tierras han arado miles de sufrimientos
que han desgastado tu andar,
ojalá pasare un milagro
y cambiare cada arruga en tu rostro
por alegrías del alma que retumben por la casa.

Ya la vida no te comparte manantiales de salud,
han cambiado los tiempos.

A veces luces cansada,
tal vez tu lucha constante contra la adversidad,
pesa hoy sobre tus hombros,
pero la fortaleza de tu alma,
besa dulcemente a quienes pensamos en ti,
como besa la suave caricia de tus manos.

Algún día la vida abandonarás
y con tu adiós cambiarán mucho más los tiempos,
en el cielo brillará una nueva estrella,
la más alta y titilante de todas,
y cada día regalará a los tuyos
un destello de tu recuerdo,
y sabremos entonces que siempre estarás aquí
en un rincón del corazón que Dios
esculpió en nosotros para guardarte hasta siempre.

Y cuando no estés
habrán cambiado los tiempos.

He de partir

Quizá como nunca antes,
hoy te necesito,
por favor compréndeme,
por el bien de ambos, aunque no compartido,
como no se comparten lunas y soles,
he de partir mi amada de ensueños.

No está bien seguir llenando de fulgurantes
destellos la oscuridad de tu día
e ir labrando palmo a palmo para ti,
trémulos senderos de soledad y horror.

No está bien que,
al compás de la lluvia pasajera,
florezcas tan dentro de mí
con tu aroma y tu color,
ocultando maravillosamente la solitaria
verdad del tupido jardín.

He de partir mi amada de ensueños,
te quedas junto a los coloridos arrecifes,
que te atrapan, no sé a qué profundidades.
Me llevo las involuntarias y tímidas presiones
que sobre tu ser ejerce mi tan cercano contacto.
Te dejo tan sólo leves recuerdos,
cual furtivas y alegres algas que olvido contigo.
Te quedas, es la peor forma de partir,
algún día el poeta lo escribió.

Alberto Redondo Salas

Me marcho ahora con el incipiente sueño
del día en que por fin emerjas,
alcanzando la superficie,
de cara a un nuevo cielo,
para que el vaivén de cómplices olas
te traiga a alguna insospechada orilla,
donde el magno y radiante astro ilumine
el apacible instante en que mi jardín,
se engalane con la presencia única
de la más preciosa rosa
que algún día Dios concibió.

* * *

Estoy seguro que la historia de la humanidad no recuerda al menos una despedida que no haya tocado los hilos del alma de los seres, impregnándoles de tristeza y dolor. Marzo de 1996.

Herido de ausencias

Estoy herido de ausencias
de angustia de no tenerte
de soledad recurrente y crónica
de gris de lluvias sin tardes.
Estoy plagado de lejanías
cansando del canto triste del sereno
del ritmo sordo de la melancolía
de la ilusión que se marchó contigo.
Estoy golpeado de olvidos
de torbellinos de sueños peregrinos
del eterno retorno a las palabras nuevas
del regreso a tu ventana blanca
iluminada por el rastro de tu esencia
oscurecida de mi noche sin tu estrella.
Estoy triste de tristezas
de mariposas dormidas en su otoño
de libros envejecidos sin palabras
de sonrisas escapadas al viento.
Estoy ausente, lejano
olvidado y triste
de ti y también de mí
porque estás tan cerca
porque estás tan lejos.

Lanzas

Una noche sin estrellas
envuelto en la transparencia de la soledad
sintió lanzas infernales que destrozaron su pecho
la desazón y el desamor
robaron a escondidas sus ganas de vivir
y aunque jamás pensó en morir
le faltaron las fuerzas
para continuar con los ojos abiertos al mundo.

Una noche sin estrellas
vi un quijote vencido por gigantes de viento,
un soñador reducido a carne y hueso,
vi la ternura despedazar un vestido de seda,
a la razón desesperada entre los muros
de un laberinto sin fin.

Vi una lágrima rendida ante el látigo sordo del dolor,
una luna palidecida sin poesía ni melodías,
vi un corazón que renunció cansado a los milagros
y resignado dio la espalda al paisaje de ilusión,
mientras llevaba flores a un mausoleo
en cuya lápida borrosa,
se lee la palabra: amor.

Locura

Mi locura es poesía y con corazón de poeta
es de paz, profunda y tranquila
es necesitarte, y tenerte; anhelarte y hallarte,
mi locura es de vida, es de amor.

Mi locura es libre y visionaria
son tus señales, tus símbolos, tus mensajes
son tus aspiraciones y tus esperanzas
son tus hechos, tus dudas, tus decisiones,
mi locura se parece tanto a ti.

Mi locura son los balcones viejos, tristes
es tu mano simple, tu delicado cuello
son mis ojos viendo en el milagro de tu mirada
el paisaje plácido de la complicidad.

Mi locura te conoce, te desconoce
te pierde y te extraña, más tarde te inventa,
mi locura crece, madura a tu lado
y sin miedo envejece en tus agostos.

Mi locura son tus alas y
los incansables caballos que mueven el carruaje,
mi locura es luchar, volverlo a intentar y sonreír,
luchar, finalmente triunfar y de nuevo sonreír.

Mi locura, así, tan mía, es nuestra
es nuestro mundo, nuestro país, nuestra casa,
mi locura se encuentra tantas veces contigo.

Alberto Redondo Salas

Mi locura es el norte, el destino,
mi locura es de amor, es de vida,
mi locura eres tú...
compañera y amiga.

Luna llena

¿Ves que hay luna llena?
Busco, intento, invento
una forma de mostrarte
cómo en cada anochecer
mi pensamiento surca el cielo
y besa el mar lleno de ti.

¿Sientes que hay luna llena?
Así como siento en este instante
tu dulce piel al viento
que se funde entre mis brazos,
cuando vences ejércitos de temores.

¿Escuchas que hay luna llena?
Y entre los sonidos de este silencio
escucha por favor mi voz,
oye mis profundos deseos
de adivinar sonrisas en tu mirada.

¿Sabes que no es tan llena?
Muestra la penumbra de tu ausencia
luce vestida de una soledad creciente
se esconde en decisiones menguantes
y muere en esta tristeza nueva.

Mañana

Te he dado ni un poco más, ni un poco menos
de lo que desde siempre había guardado para ti
y es tanto lo que siento
que la vida entera no me alcanzará
para seguirte regalando el retrato
desnudo de la naturaleza de mi ser.
Sin inmaculados maquillajes,
ni coloridos escenarios, ni vistosos disfraces,
has presenciado las virtudes y defectos que
perennes adornan el trasegar de mis días.

Los sentimientos que a oscuras dormían,
cual ave fénix, de las cenizas emergieron;
algo dentro de mí sabía,
que entre tus manos traías
mucho más que la belleza que te envuelve,
que tenías el aura de un ángel azul
y la sonrisa encantada que los cuentos describen.

Me postraré ante ti, besaré tus pies
y cuidaré tu senda en señal de humildad
que jamás será el resultado de sentirme inferior
o aún peor imaginarme superior,
será el resultado de la firme convicción,
será el fruto del árbol del amor y
la forma de retribuir el que hayas escrito
tu nombre en letras doradas en las páginas de mi alma
con tu omnipresente apoyo en cada intento de vivir.

Sé que con el pasar del tiempo
olvidaré unas palabras, perderé una caricia,
pero reconozco que después de oír tu voz dormida
cuando la aurora besa el día,
mi corazón dibuja versos de felicidad para ti,
es entonces cuando siento que te amo más que ayer
y te amaré mucho más mañana.

☐

Mensajes

Te sigo buscando más allá de la espera
te sigo esperando sin cesar en mi búsqueda
pero bien, lo sabes tú
esta angustia desbordante de hoy
no tiene sentido
abandona por fin esta ausencia absurda
vence las cadenas terrenas
y despierta tu amor para mí
olvida el tiempo y su andar incesante
inventemos un nuevo reloj
en que las horas sean un suspiro nuestro
y los días se pierdan entre miradas
da a luz una nueva ilusión
hazla amanecer en compañía
quédate con mis cielos infinitos de diciembre
descansa en mis silencios azules
dale a mis mares el brillo que hay tus ojos
enreda mis sentimientos en tus cabellos
para que cada mañana
se desgajen sobre tu cuerpo
como un poema nuevo
destierra la soledad que atrapa
convierte esa mezcla alucinante
de sonrisa tímida y mirada desprevenida
en amor para vivir.

Mis razones

Por existir en mi existir,
por las señales del cielo,
porque confiaste en mí,
por tu perenne amistad,
por regalarme tu alma y tu ser,
por tomarme de la mano,
por apoyarte en mi hombro,
por enredarme en tus cabellos,
por abrirme las puertas de tu vida,
por luchar por tus ideales,
por tu respeto a los demás,
por tu esfuerzo en ser feliz y hacerme feliz,
por pensar en mí,
por la dulzura en tu sonrisa,
por la ternura en tu rostro,
por la sinceridad en tu corazón,
por la belleza que te envuelve,
por aceptarme como soy,
por ver las cosas buenas que hay en mí,
por ayudarme a corregir mis defectos,
por tu comprensión y paciencia,
por tu interés en los míos,
porque has vencido los temores,
por tus palabras de aliento,
por tu apoyo sin condiciones,
por lo maravillosamente consentida,
por tu complicidad,
por nuestro hoy,

por las esperanzas de nuestros mañanas,
por los paisajes que Dios pintó para nosotros,
por tu sueño profundo y tranquilo,
por tus intentos y tus ensayos,
por la musa de mis mejores poemas,
por cada una de estas razones...
¡Te amo e infinitamente te amaré!

Mujer

Mujer que desafiaste la ciencia con humildad,
para compartirme el milagro de la vida con bondad.
Hizo Dios tu vientre fecundo,
para que mostrases a mis ojos las maravillas del mundo.
Por todos los detalles que me has brindado,
quiero desde el alma, con devoción agradecerte,
para que el día en que habitemos en mundos separados,
sepas que por doquiera vaya, será imposible dejar de
quererte.

Mujer gracias...
Porque en los instantes en que me he sentido derrotado,
de ánimo y vida mi ser has inundado;
en los días en que he necesitado llorar,
tu cálido regazo, con tranquilidad he podido hallar;
cuando me has sentido desfallecer,
me has recordado la esperanza en un nuevo amanecer;
las veces en que me extraviado,
con razones, al camino correcto me has regresado;
en los momentos en que el triunfo consigo conquistar,
en mares de desbordante regocijo, te he visto navegar.

Porque sin importar el paso de los años,
aún me cargas en tus piernas, evocando el antaño;
aún recuerdas con angelical ternura,
el bebé que odiaba tus sopas de verduras;
aún me haces sentir el calor de tu amor,
cada vez que con devoción me besas,

cada vez que mi humanidad abrazas a ti con fuerza;
y sobre todo, aún en las travesuras de mi vivir,
con cómplice alegría en el rostro, te he visto sonreír.

Mujer, gracias...
Por haberme permitido aprender
tantas cosas que llevo de tu ser,
de ti tengo el amor,
que hoy atesoro como mi mayor valor;
me enseñaste a obedecer la razón,
sin olvidar los inexplicables senderos que traza el corazón.
Me has mostrado la amistad como un tesoro,
con mucho más valor que un sol en oro,
con un ejemplo para admirar,
te he visto con el corazón en la mano, al odio derrotar.

Mujer, gracias...
Porque en ti he encontrado siempre
la mejor de las amigas,
la que sin condiciones me escucha,
mi compañera de todas las luchas;
la misma que sin claudicar en su empeño,
edificó el hombre que habitaba en sus sueños;
la misma que jamás me ha guardado rencor
y que acepta mis defectos con incorruptible amor.

¡Pero por encima de todo... Gracias Mujer!
por dar sin rendirte, lo mejor de ti,
para día a día construir un hermoso hogar feliz.

Nada ni nadie

Ni la luna que presenció nuestras promesas
tomados en silencio de la mano
Ni la lluvia que besó nuestros cuerpos
una noche mágica de octubre
Ni la arena desierta de la playa encantada
en que escribí tu nombre y el mío
Ni las huellas que dejamos
al caminar descalzos mientras amanecía
Ni las ceremoniosas puestas del sol
que no hemos contemplado
Ni las insinuantes palabras cercanas
que susurré a tu oído
Ni las rosas vestidas de gala
de todos los jardines
Ni mi beso lento
en la humedad tibia de tus labios
Ni cada despedida triste
plagada de silencios atrapados
Ni las festivas bienvenidas
en que tu abrazo me regresó la vida
Ni el inmenso cielo azul
que habla en brisas frescas
Ni la muerte, eterna compañera
de este profundo camino de vida
Ni el mundo cargado de recelos,
esperanzas, héroes y desvelos
Ni todos los poetas
con su pluma creadora e infinita

Alberto Redondo Salas

Ni la hermosa poesía misma
rebosante de metáforas sublimes
Ni nada ni nadie
O quizá, ni todo ni todos
saben realmente cuánto te amo
Y si algún día me faltaras
ni yo mismo, con todo este amor
sabré realmente cuanto te amaba.

☐

No ha pasado el tiempo

El cielo besa la tarde en un trinar de gotas de vida y gris,
la nostalgia del paisaje trae entonces aquel recuerdo.
Te encontré sentada, simple, enmudecida, palidecida,
eras tú, la misma niña de ayer, tan sólo un poco más mujer,
ocultabas entre suspiros tu alma destrozada,
arrastrabas de un dorado hilo tu corazón,
de él tenías un puñado de pedacitos en cristal.

Aferraste tus ojos a mi alma,
escudriñaste en mi ser por el amigo de un pasado,
con quien poder compartir el dolor que brotaba
del amargo sabor de la soledad y la desesperanza.
Nuestras historias en palabras se fundieron,
robándose el tiempo, derribando espacios.

Ahora no alcanzo a imaginar que será de tu vida,
pero me colma el regocijo al escucharte
gritar al mundo que anhelas demostrar el inmenso
tesoro que guardas dentro de ti,
que estás dispuesta a conquistar nuevos cielos
con la invencible sinceridad de tu sonrisa.

Quiero que sientas que no ha pasado el tiempo,
que afirmes con insistencia que tienes contigo
la certeza que cuentas con mi vida
como parte de tu vida,
un mar en donde podrías navegar,
sin temor de su profundidad,

porque sabes que en el fondo hasta el más
recóndito paraje está lleno de sinceridad.

Quizá algún día,
frente a las olas convirtiéndose en ocaso,
caminemos descalzos por la arena,
quizá algún día, como otrora fue,
al compás de la música,
hagamos de nuestros destinos dulces melodías.

Octubre de 1996.

No me pidas

Pídeme que deje de respirar,
que el dulce canto de la luna
cuando hace de la mar su cuna,
deje de una vez por todas de admirar.

Pero no me pidas:
Entre palabras dormidas
que mi mirada no te abrace una vez más,
que mi caricia no dé color a tu vida,
que mi sonrisa no te bese jamás,
que mi ausencia no te vuelva a buscar,
que mis versos no te vuelvan a tocar.

Que a tu desgarrada alma,
con mi repentino partir,
le devuelva la apacible calma
que le robé el día en que tus esperanzas
junto a mis anhelos, hicimos convivir
en lugares que la imaginación no alcanza.

A mi ser le pides tanto,
sin darme una férrea razón
que logre callar mi canto
y que en el desbordante corazón,
marchite para siempre el encanto.

Sin antes con sinceridad explicar,
qué hago ahora con todos los momentos

tejidos en los paisajes del sentimiento
no ves, que sus huellas no puedo borrar,
son cicatriz que marcó mi piel
cuando deleité de tu esencia la miel,
el recuerdo sin compasión me destruye
al sentir como tu paso de mi rumbo huye.

Si algún día, ya cansado,
en que tus amargos temores
por fin mitiguen el río de amores
que de mi ser por ti ha brotado
y obedezco entonces tu incompresible petición,
quizá deje un verso, o tal vez una canción
para que al sentirla los soñadores me perdonen
cuando los caminos de la ilusión,
mis esperanzas vencidas abandonen.

* * *

*Las ilusiones que se anclan en tu orilla, sin importar la fuerza o el peso
con que hicieron su arribo, se guardan por mucho tiempo en los
recónditos laberintos del corazón.*

☐

Nuevo poema inconcluso

Aquí estoy, en silencio
en las fronteras de tu vida
disfrutando del sendero que lleva a tu mundo
tocando con un suspiro de mi alma
las puertas simples de tu corazón.

Aquí estoy, en silencio
desde una ventana de tus horizontes
contemplando la tranquilidad de tu alma
hechizado con un rayo de tu luna
enamorado de un beso que llovió en tu cielo.

Ocaso

Tarde, estadio de sol, momento de milagro,
un cielo azul en movimiento con pendientes de algodón,
el imponente mar desvaneciéndose en la espuma de sus
olas,
paciente y sabia al oriente florece la montaña,
la fresca brisa, enamorada besa la ensenada,
un velero que diligente cruza la bahía.

Tranquilidad distinta y eterna
un sol artista pinta el mar en danza de mil colores,
palmeras que se mecen en vago galanteo...
Quinientas y un mil razones de vida para escribir un verso,
se derraman como el ocaso entre llovizna y rocío.

Allí, donde todo converge,
permanece mi ser, absorto y opaco,
levitando inerte entre tus brazos,
enredado en tus cabellos,
preso de las figuras fugaces de tus besos,
y agonizante, agonizante de amor,
feneciendo acompañado de la tarde.

Silencio espiritual de las musas.
Odio de poeta
¿Por qué tan fuerte me golpeas?
¿Será acaso por la impotencia de vivenciar
el ocaso de los poemas que nunca amanecieron?

Oda de un corazón tomasino

En la llanura vasta que besa el Magdalena
en tiempos de Tierradentro y surgir de un continente
el amanecer obnubila la preciosa luna llena
brotando de la tierra un pueblo de corazón valiente.

La mano campesina con entereza y gran tesón
besó la tierra fértil con su sangre y su sudor
sin más armas que la fuerza convertida en azadón
forjó de la siembra un fruto noble como el amor.

Y la historia vio a mi pueblo en silencio trascender
del sitio y la parroquia a la polis cultural
descubriendo el sendero que debíamos recorrer
un camino engalanado de conocimiento y de moral.

Por tus calles largas, vestidas de blanca arena
crecieron hijos ilustres con espíritu luchador
hombres y mujeres desafiantes, de alma buena
gente grande en nobleza y esplendor.

Santo Tomás que al contemplarte siento
el fuego sempiterno musa de la poesía
evoco con nostalgia el sacrificio y sufrimiento
en los forjadores de estos nuevos días.

Tierra insigne, senda sabia del Libertador
diciente símbolo de esperanza, y de superación
que la gloria infinita proveniente del Creador
te vista de grandeza en cada nueva generación.

Ojos

Has pasado a mi lado entre tal multitud,
quebrantando con fuerza el rítmico ruido,
para imponer un silencio de angelical virtud,
encadenando hasta ti mis cinco sentidos,
es lo poco que pides, para sublime aflorar
el dulce brillo de tus ojos al mirar.

Si me dieran su luz como aquella tarde de un abril soleado,
en que mis ojos sin saber cegaron,
les diría tantas cosas que hasta hoy he callado,
les diría que los sueño,
que en la distancia los pienso,
que en ilusiones sus lágrimas desde siempre he secado.
¿Qué hay en tus ojos hermosa mujer?
Sólo la infinita sabiduría del creador celestial
sin meditarlo, sabría responder.
Quizá esta noche, a solas en el gris pedestal,
le implore me enseñe el camino que lleva a tu ser.

¿Qué hay en tus ojos hermosa mujer?
Son calor y sonrisas,
son ternura y fulgor,
son de mar y son brisas,
manantial de sempiterno amor.
Hoy convertidos en silente ladrón
de un andariego y poeta corazón.

Paternidad

Hoy, como cada mañana
de este maravilloso presente,
como día de este pasado reciente,
me despertó el sonido indescifrable
de tus diálogos imaginarios
de conversaciones alegres
y sonrisas burbujeantes.

Hoy, como cada mañana
salté de la cama a verlos.
Estaban ahí, plácidos y tranquilos,
tu madre envuelta en sábanas blancas
adornadas por sus cabellos
que se derramaban sobre la almohada.
Mientras tú, ocupando cada espacio de tu cuna,
dialogabas con los brazos abiertos
vestido de completa felicidad.

Hoy, como ninguna mañana de mi vida
comprendí que tú y tu madre
habían traído a mi vida un regalo milagroso.
Comprendí que con esa mirada enamorada
que le brindaste al nacer,
me habían regalado el privilegio indescriptible
de dar cumplimiento a un mandato divino.

Entendí que el día que naciste,
No sólo nacías tú, para hacerte parte de la vida

también nacía yo como padre
y se fortalecía mi compromiso familiar,
renovándose la esperanza de un mundo mejor.

Para nunca más volver

Entre la niebla absorta y gris de una mañana,
llenaste de soledad las flores en tu balcón,
tu sonrisa jamás volvió a aquella ventana
palidecieron mis días sin tu corazón.

A tu sombra se cerró la puerta,
cuando apenas el amor conocía su florecer,
tan lejos y tan cerca,
te fuiste para nunca más volver.
En momentos tristes que sólo deambulo
a veces sin querer te lloro
a lo largo, el camino se torna más oscuro
y sin pensar te pienso, te añoro.

Ser humano errante sin parar,
guerrero de la lucha con la soledad
que proteges el alma del frío
con la colcha de los recuerdos
que justifican y tranquilizan la existencia.

Algunos, quizá de memoria menos prolija,
sepultaran su hastío en medio de un gran recuerdo,
capaz de cubrir cada fragmento de su cuerpo;
otros, hilaran pedazos de infinitas memorias
de las cuales a ratos se jactarán.

Yo en cambio, apenas con esfuerzo,
reconstruyo a pedazos nuestra historia,

porque retazos quedan de mis sueños,
trozos de la esperanza, agonías del amor,
piezas de un rompecabezas que jamás se armó.

En medio de esta nueva lágrima,
entre el frío y la soledad,
confieso a todo aquel me escuche
la verdad de mi relato
y razón de mi lamento:
Ella jamás partió;
yo, quien ahora mismo la extraña,
¡La perdí!

Probable seguridad

De pronto, en un instante
me besó tu sonrisa
envuelta en tu fragancia
y con ellas angustiantes sensaciones.

Una ciudad fría de un cielo tan gris
y el tiempo sin compañía
en medio de esta separación alucinante,
falta azul, falta el sol, falta el mar
no estás tú.

Te busco entre las heladas gotas
que tropiezan mi soledad
te busco entre las destellantes luces
y el ruido de los autos
que golpean en silencio tu ausencia
te busco entre las miradas
de la gente que agita su alma
en desesperada carrera.

Las vitrinas exponen detalles y corazones
yo, mientras expongo mi corazón
a la necesidad de tus detalles
necesito tu frase perfecta
tu mano que dibuja el color de la caricia
tu voz que entona himnos
de batalla contra la distancia.

Alberto Redondo Salas

Una flor que temblaba sin voz
me miró y preguntó tu nombre
te imaginé, te sentí
y le respondí: amor.

Soy viajero del sentimiento
que hoy aprende una lección
la única diferencia entre
dejar todo al abandono
y ubicar cada cosa en su lugar
es la probable seguridad del volver.

□

Rainbow

Sobre mi vida en blanco y negro
derramaste un arco iris de amor,
cómo he de compensarte
el rojo y eclipsado corazón
que late, edificando pasión,
el calor anaranjado con que
alejas mis angustias solemnes,
el amarillo que ilumina
el regazo en que me abrigas,
los verdes senderos
donde cabalgan mis esperanzas,
la grandeza de lo azul
el cielo, el mar y tú,
el índigo indescifrable
de nuestros secretos y confidencias,
y la intensidad violeta
de nuestro cielo anochecido.

Cómo he de compensarte
los días en que he sido simplemente
tardes grises, húmedas y frías
en que una vez más
has derramado sobre mí
un arco iris de amor.

Octubre de 2001.

Recuerdos (*)

Oh recuerdos que me invaden,
arduos, lisonjeros,
amigos del ayer, tan sólo compañeros.
Aquella novia condenada al olvido,
la finca, los árboles, un nido.
El invierno, la lluvia y su miel,
las turbulentas aguas y el barquito de papel.

Oh recuerdos del alma mía,
añoranzas y melancolía,
la muerte del pajarillo y el duelo,
las costumbres de antaño de mis abuelos.
El libro, el desorden en el cuaderno,
los días de clases eternos.
El café tinto, el pan de sal,
las ruedas del carrito de metal.
El colegio, el uniforme, la camiseta,
la complicidad de la incansable bicicleta.
Las calles de mi pueblo en blanca arena,
la plaza de la iglesia, las noches de luna llena.

Oh recuerdos nobles visitantes,
efímeros instantes,
distantes, pasajeros,
el fútbol descalzo y callejero,
las lágrimas por el amigo en su partida,
la piedra al avispero y la pronta huida.
Mi mamá y su primera cana,

los dulces rizos de mi hermana.
Los sueños, la ilusión con inocencia,
los calurosos desfiles del día de la independencia.

Oh recuerdos, tristezas, melancolía,
sonrisas del niño, adolescente y alegría.
El primer beso robado,
la navidad, juguetes y unos tragos tomados.
La húmeda serenata, la canción,
la guitarra y el sonar del acordeón.
Los juegos de ronda y tocar de mano,
la incondicional compañía de mi hermano.
Los días de los pantalones cortos,
la cometa que papá fabricó,
esa que contemplaba absorto
la primera vez que frente a mí voló.

Oh instantes que mi vida han marcado,
reverdezcan por siempre en mi memoria,
para que cuando crezcan frutos a mi lado,
pueda narrarles con un verso cada una de esas historias.

Septiembre de 1996.

*(*) Poema ganador del concurso "Taller Literario del Caribe", organizado
por la Universidad Autónoma del Caribe, y publicado en 2004 en el libro
"Trazos Poéticos".*

Si algún día

Si algún día te llamo
tan sólo para saber cómo estás
será para llenar de simplezas
lo complejo del diario vivir.

Si te tomo la mano,
será para mostrarle a la tuya
la esperanza cotidiana
de la sincera compañía.

Si junto tu paso al mío,
será que quiero decirte
que cada amanecer habrá un motivo
para continuar juntos y danzantes.

Si te robo la palabra
será que desbordó dentro de mí
un pensamiento del manantial
que te quiero compartir.

Si cierro los ojos
mientras miro los tuyos,
será que te estoy mostrando
como y cuanto suelo confiar en ti.

Si descubro otra forma
para escuchar el latir de tu corazón
será para viajar un poco más lejos
de las sensaciones rutinarias.

Si acaricio tu piel
será que estoy escribiendo
un nuevo verso tan sólo para ti.

Si beso tus labios,
será para inventar un arco iris
en medio de la humedad.

Si permanezco a tu lado en silencio,
será que busco un eco
y un horizonte para mi soledad

Si muestro mi mal genio,
será que me vestí de mundo
y necesito un poco más de ti.

Si algún día te digo que te amo...
será que te amo
y será para siempre.
□

Si la musa se aleja

Si la musa se aleja y sientes
que la llama del poeta se extingue
o se escapa entre las manos
como quien empuña el sorbo de agua
que mitigaría por fin su sed.

Si el estilo te abandona
y las palabras que brotan
de entre las piedras del claro manantial
no encuentran asidero entre la pluma y el papel.

Si los versos la rima disonaron
si la prosa no fue más su resguardo
y los sonidos se escapan sin cadencia
sin aportar fuego a la vida
como la lluvia que no halló
sembrados, ni flores, ni cultivos
solo cemento, hierro y asfalto.

Si las ideas no se hicieron formas
los sueños no forjaron figuras
lo pensado jamás se hizo historia
y los poemas son luciérnaga cansada.

Si las caricias no motivan el viento
o el amor no florece del cielo
pero, aunque motivaran y florecieran
no edificaron poesía.

Si no desbordan torrentes
que viertan su cauce en arte
o las manos escribientes
no se arraigan a los muros de lo eterno.

Tranquila vida mía
los poetas, como otros
también tenemos energías
y quién sabe, a veces una que otra batería.
Y hacer un alto en el camino,
recargar y de nuevo comenzar
es sembrar la esperanza
de dónde cosechar algún día
versos nuevos
nuevos cantos.

□

Silencio

Aún recuerdo que besé las lágrimas en tus ojos
y te robé sonrisas a mi antojo,
puse en tus manos mis manos
y con ellas la vida mía,
todo el esfuerzo fue en vano,
sólo encuentro ruinas acariciando la melancolía.

Levantaste bosques en nidos de primavera,
tocamos el futuro y a ratos la eternidad
y me encuentro en el camino, sentado a la vera,
de compañeros tengo el silencio y la soledad.

De los ratos felices y sublimes en esencia,
en que mi ser fue calor en tu existir,
quedan días y noches en que abrazo tu ausencia,
en que olvido pensar, olvido sentir.

No habitan rencores en mi corazón,
en medio de tan profunda desolación,
tengo tan sólo palabras que anhelan explicación
¿Por qué renuncias a los sentimientos que a gritos
predicabas?
¿Por qué de la verdad que soñabas huyes?
¿Por qué un paraíso sin cadenas destruyes?
¿Por qué en un silencio de estrella fugaz, el sueño acabas?

¿Qué clase de angustia fue más fuerte que tú?
Qué te hizo olvidar con tal facilidad,
que la verdad y la sinceridad,
eran en nuestras almas la mayor virtud.

Simplemente

Las chimeneas del desarrollo rompen las nubes grises
de esta mañana de invierno,
delante se erige la mole de concreto
de penas silenciosas y lamentos enmudecidos,
al horizonte se pierden los verdes pastos
alabando la alborada.
Si me vieras aquí,
una vez más navegando los voraginosos mares de la
esperanza,
silente, atrapado,
con las ilusiones apretadas entre mis manos,
que tranquilas soportan junto a mi tu ausencia de siempre.

Hay días en los que simplemente sueño,
a veces despierto, a veces dormido,
simplemente te sueño.
El crepúsculo también soñó hace unos días,
con la presencia de tu silueta que lo vestía de paisaje.
Mi cuerpo aún espera empañar tus poros,
con la humedad de mi aliento enamorado.
Y si el extrañarte fuese poco,
en cada despertar
tu aroma revolotea entre los acentos de mi poesía.
Mis versos aún se alimentan de tus virtudes,
de tus defectos, de tu sonrisa, de tu mirada y tus caricias,
mi obstinada vida se resiste a continuar su marcha sin ti,
tal vez me ha faltado el coraje para decirle en secretos, que
no te he podido hallar,

o que simplemente te perdí en una ilusión
que no recuerdo si fue realidad.

A veces creo que a lo lejos también me extrañas,
que cambiarías tu rumbo
tan solo por sentir el calor de mi corazón,
que a pesar del tiempo, todavía late por ti.
He pensado en escribirte,
mas no sé qué viento roba el beso de tus labios,
y renace de nuevo la duda
¿querrás acaso saber de mí?
mientras tanto te pienso,
a veces despierto, a veces dormido,
simplemente te pienso.
Ayer, creí que eras la mujer de la rosa
te sentí tan cerca
que el mundo se agitaba al ritmo de tu andar,
Esta tarde de nuevo caminaré,
quizá en un parque,
tal vez en una esquina hostil,
pero te encontraré,
quizá te halle un poco más linda o tal vez menos tierna,
y entonces, cuando despierte en tu mirada,
no pediré explicaciones,
simplemente te re-conoceré.
Notarás que mi todo, sin ti,
era poco más que nada,
te tocaré más allá de las palabras y del beso,
y sabrás que te quiero,
a veces dormido,
a veces despierto,
simplemente te quiero.

Soledad

Hoy regresas cansada de fatigante
faena en la arena del amor.
Los hilos que te rodearon y tejieron ilusión,
hoy son corroídas y pesadas cadenas,
lastres de tu corazón.
Los pasos acompasados en senderos y caminos,
el ritmo de su marcha, perdieron abruptamente,
son nada más, recuerdos de algún destino.

El cuerpo que temblaba al contacto húmedo
que nacía con el beso de la pasión,
hoy sólo tiembla de frío en noches de soledad.
Las sonrisas que brillantes,
colgaban en las paredes de vuestra casa,
hoy no te acompañan, envejecieron
entre polvo y telarañas de tristeza.
Las flechas que un tal cupido disparó,
son ahora envenenadas lanzas
cargadas de egoísmo sin igual.

Las manos que eran inmejorable compañía
al amanecer y también cuando llovía,
sólo se agitan para musitar adiós.
Los labios que recorrieron sin límites
las fronteras de tu silueta,
hoy dan un beso acompañado
de repiques y sonidos de campanas,
que predicen fatal anunciación.

Alberto Redondo Salas

Pero algún día, sin saber cómo, ni cuándo,
se marchitarán las áridas heridas
y retornará plácido el amor,
en la oscuridad de la noche llenará para sí
La intranquilidad de tus espacios,
de nuevo te veré partir,
como las aves que su nido
abandonan para nunca más volver.
Una vez más, como otrora fue,
con pocas palabras, tan sólo te diré:
¡Buen viaje señora soledad!

Te quiero libre

Colgaste un radiante sol de verano
en la ventana azul de mi cielo,
le regalaste una inmensa luna llena
a la triste soledad de mis noches.

En la aurora de un septiembre
mi corazón se llenó de ti,
conoció el amor
y se hizo felicidad.

Hiciste tuyas mis palabras,
hice míos tus pensamientos,
te convertiste en mi absoluta realidad
y no sé en qué momento me hice tu mitad.

Pero ahora que no estás
descubro cuánto te necesito,
mañana cuando vuelvas
no hallaré las palabras indicadas para decirlo,
he de escribir en un pedazo de papel
la más profunda alegoría de mis esperanzas:
¡Te quiero libre, pero lo más cerca posible de mí!

Alberto Redondo Salas

Trébol mágico

Sabrás que he visto amanecer bajo tus cejas
el brillo radiante de constelaciones lejanas,
que he descubierto la luz del faro
que guía al marinero hasta un puerto que renace.

Sabrás que el día en que te conocí
grabé tu nombre en la proa del barco de mi ilusión.
Con él, desafío incesante, tormentas y mareas,
en mi timonel el norte es tu corazón.

Sabrás que he sentido tu mano apacible
cuando lentamente me enseñas a descubrir
las sombras históricas de paisajes inciertos
que se desvanecen a través de tu ventana.

Sabrás que la noche aquella en que nos encontramos
el mundo giró en torno a nuestras sensaciones
y al compás de arpas y coros celestiales
floreció la primavera entre el otoño
de un cielo azul cargado de estrellas.

Sabrás que entre lo terreno
también hay espacio para las utopías
y que en la aurora de algún nuevo día
el sol y la luna caminarán tomados de la mano.

Y sabrás por fin que has roto el hechizo
cuando una mañana en que podes tu jardín
te encuentres a solas
con el trébol mágico de mi amor.

Utopía

Para el cauce de tu latir están mis venas,
para mis pasos tu rumbo y compañía
y el mágico antídoto para tus penas
se esconde en el resplandecer de la alborada mía.
Si a veces sueño una mariposa
y tú, en cambio sueñas con un jardín,
en una mirada inventamos rosas
con color de mariposa y vestidas de jazmín.

Si ya cansado busco un regazo,
llena de vida, cerca te siento
y cuando el sol toca el ocaso,
soy hombre nuevo de cara al viento.
Si tus recuerdos se tornan melancolía
en las palabras de un silente momento,
corres y buscas en el rincón de mis alegrías
la sinceridad y dulzura de mis sentimientos.

Y los temores que un día existieron,
en un abrazo de sol y luna,
cual leve llama ya se extinguieron,
y dudas, si quizá sobrevive alguna,
tarde o temprano ha de claudicar
rendida a la fuerza de nuestro luchar.
Tu mirada se llena de destellos
si te invado y digo que me enloqueces,
que me quiero perder en tus cabellos
o mis mejillas me delatan y enrojecen.

Alberto Redondo Salas

Si alguien pregunta por qué este verso,
responderemos sin mucho afán y sin esfuerzo:
que cada instante del día a día
da cuerpo y alma a nuestro amor, casi utopía.
Mas, qué podríamos decir a la gente,
no ha de haber nadie que comprenda
que mi verdad jamás te miente
y tu franqueza es mi más segura senda.

Te llevo prendida a mi alma en cada segundo,
tu beso sabe a cielo, tu sonrisa a eternidad,
tus momentos habitan mi corazón y mi mundo,
eres mi cómplice y anhelo hacerte felicidad.
En cada compromiso que tienes con la vida
has encontrado en mi sueño el perfecto compañero
y a pesar de que conoces mis verdades más sentidas,
pienso y callo...
aún no te he dicho que te quiero.

Visión

Me estremeció la voz profunda
cuando en silencio me dijo
que te mirase a los ojos
porque estarás conmigo
y algún día te hablaré al oído
toda suerte de cosas lindas.
Que estarás conmigo,
en la batalla rutinaria del vivir
en cada sueño azul
y en todas las esperanzas
para poblar de colores la ilusión.
La voz profunda me repetía
que te guardase en la memoria
porque estaré contigo
para ser la luz en tu camino,
tu abrigo en las tardes de lluvia
y el guardián de tu tesoro.
Que estaremos juntos
compartiendo la mirada
dibujando nuestro paisaje
y que un simple día
al despertar,
un destello de tu alma
se derramará sobre mi amanecer
para iluminar mis días.

☐

Alberto Redondo Salas

Yo que he tocado a tu puerta

Yo que he tocado a tu puerta,
sin un permiso, sin un perdón,
anhelando hallar un corazón de manos abiertas,
me encuentro la fulgurante antorcha de la ilusión,
luciendo un fuego jamás imaginado,
calor que con tu vida han llegado,
fuego y calor, universo de sentimientos,
colores de la esperanza del pensamiento,
que en los laberintos de un alma vacía,
junto al génesis de los sueños dormía, dormía.

Yo que he desnudado al hombre sin temor,
te he enseñado a qué le llamo luna, a qué le llamo amor,
tú que has conocido mi locura,
esa que sirve de muralla acorazada
para eclipsar lo vulnerable de mi ternura,
la misma que me sirve de portada
para preservar las hojas de una soñadora conciencia
en medio de una tormenta de la formal existencia.

Yo que he indagado por la mujer,
haciendo míos tus detalles, tus instantes
me pregunto en profunda reflexión:
¿Acaso estaban nuestros caminos tan poco distantes?
¿Qué le depara la vida a tu sentido corazón?
¿Qué senderos tomados de la mano hemos de recorrer?
Anhelo entonces el mañana con desesperación,
en que el azul cielo sin palabras me pueda responder.

MATICES

A una extraña

Déjame que te cuente, que he visto una extraña,
de ternura en su hablar, calidez en su mirar.
Aparece en mi vida con la tarde al caer,
no sé qué trae consigo que logra iluminar,
de pronto sin saber, espacios por doquier.
Tan ella que puede sacudir mi mundo,
remover de mi ser los sentimientos más profundos.

Creo que esperaba por ella con paciencia
y una insospechada noche la detuve en su carrera,
el encuentro fue tan sólo coincidencia,
pero le he hablado, para saber su origen, saber quién era.
Por fin he mirado a los ojos de la extraña,
le he escuchado su nombre, para mí conocido,
me ha dicho no engaña,
con frialdad ha respondido:
que de amor su universo está colmado,
para siempre su camino del mío ha separado.

Había pasado el tiempo, su vida no me inquietaba,
más sin embargo en algunas noches supe de su existencia,
cuando sin esperarlo, su dulce brillo me tocaba
y aunque me agradaba, jamás me afligió su ausencia.
El tenerla conmigo había dejado de ser mi voluntad
y las corrientes que aún brotaban del corazón con inocencia,
poco a poco nos llevaban a una incomparable amistad.

La extraña se convirtió en mi amiga, mi confidente,
yo en su amigo y su presente,
nunca imaginé que fuese tan maravilloso serlo,
he aprendido a saber cómo piensa, lo que sueña, lo que siente,
tan sólo en una mirada de sus ojos puedo verlo.
Es sublime saber que cuento con ella sin condiciones,
juntos hemos compartido canciones y poemas de enamorados corazones.

Con sus ojos la barrera del silencio ha superado,
para decirme incontables cosas,
me ha narrado tierras de horizontes dorados,
le he oído de amaneceres ungidos de alegres rosas.
Sé que en su mirar quiere decir,
secretos que únicamente se pueden sentir.

Sumergidos en infantil travesura nos hemos robado un beso,
que ha sido mucho más que eso,
nos ha mostrado lo que nunca pudimos ni quisimos aceptar,
pero que nos vence y ahora no podemos evitar.
Así la que alguna noche era tan sólo una extraña,
hoy ha dejado en mis labios su sabor,
que no puedo extraer de mis entrañas.
Y hasta la aurora de hoy no hemos podido comprender si es amor.

Angustia

Ya no entablo calurosas discusiones,
aunque a veces, sin querer,
trato de hacer prevalecer mis ideas
por encima de cualquier otra por muy racional,
fundamental y ecuánime que sea.

Mejor gasto mis días tratando de encontrar
un punto equidistante entre lo lejano y lo cercano,
un lugar en donde converjan los rectos y los curvos,
los de derecha y los zurdos.
Una superficie no muy rígida
capaz de resistir la desidia y el desdén
de los que se dicen forjadores del futuro
y ensambladores de la historia.

Mejor invierto mis instantes
labrando un status quo
que diste lo suficiente de las depresiones,
arrepentimientos y lamentaciones,
que sea totalmente independiente
ante cualquier tipo de cadenas
que coarten el ser y delimiten el existir.

Mejor me invento una angustia
diferente a todas las existenciales anteriores,
alguna capaz de socavar las entrañas
de los más parcos e indolentes
que los empuje a la lucha,

Alberto Redondo Salas

más no a la lucha de otros.
Una angustia de la no existencia
que forje los cimientos del puerto,
en donde encuentre asidero el barco
con su propia lucha por un existir de verdad
que trastienda lo cotidiano,
amenazando lo épico, maravilloso y sublime.

Caminantes

Ayer cuando el sol más resplandecía,
observé la gente, no cualquier gente,
la mía, la de mi misma sangre,
la que ha visto mis amaneceres,
la que se ha acostado al brillo
de mi misma luna, los veía,
caminaban, andaban, huían.
En sus manos cargaban nubes blancas
Que pedían, imploraban, exigían.

Se alejaban, marchaban, emigraban,
cual golondrinas escudriñando veranos.
A su paso quedaba la huella de silencio,
muerte, desolación y sangre que sus vidas
hacía tan terrena y cada vez menos vida,
esa estela de soledad que hace de mis ciudades
campos célebres, violentos y asesinos,
la misma estela que los motivaba a caminar
y les hastiaba la existencia.

En su andar, los lamentos se sumaban
al quejido de la tierra, que mañana
reclamará con creces la sangre de sus hijos,
que haciendo mundo, sin saber cómo ni cuándo,
manos injustas vertieron sobre las sienes de su relieve.

En su andar, las voces coreaban,
las palabras de los inocentes

que en un nefasto momento,
ladrones furtivos la vida le robaron.

En su andar, sus voces aunaban
a los sonidos de los bosques,
que hoy derraman lágrimas
con cada gota de contaminación que
sobre ellos se vierte,
que les envenena las entrañas
y les extermina la vida.

Ayer mientras el sol más resplandecía,
nacía en lo más recóndito de mi ser
una pregunta para cada uno de ellos,
si, era una pregunta para cada humano,
¿por qué a extraños exigir un memorial
de valores, el respeto a la vida, la comunión y el amor?

Y mientras el sol más brillaba en sus frentes,
podían acaso todos responder:
¿Dónde está la familia?
¿Qué pasa con los hijos?
¿A dónde fueron los sueños?
¿Qué le duele a mi hermano?
¿Soy respeto, doy vida?
¿Brindo amor, respeto las diferencias?
¿Hago caminos, comparto los míos?

Desde ese día

Desde ese día ha pasado ya mucho tiempo,
pero recuerdo una mañana de aquel mes de junio
cuando en medio de una volcánica fiebre
que me helaba el alma y los cabellos,
luchaba por separar mi humanidad
de las cadenas que sobre mí vertían
las sábanas humedecidas.

Se contaban tres días sin vestigios
de alguna mejoría a tan extraño padecimiento.
La lucha por incorporarme se hacía más
fuerte cuando pensaba en las incondicionales
palomas de la plaza de la independencia,
amigas, que hace más de tres años alimentaba
antes de comenzar la inhóspita faena de cada día

Y no he podido desde entonces olvidar
el tamaño, pero sobre todo el olor de la sorpresa,
cuando mis ojos con admiración divisaron
sentada en la banca de los camellos, una figura de mujer,
que meciendo sus ganas de vivir,
agitaba sus brazos, regando gotas de trigo
sobre la sed de las dulces viajeras.

Para saber de ella, me acerqué al viejo del café,
quien, con palabras pausadas, me contó:
que desde hace dos días, la mujer alimenta
con paciente devoción las aves de la plaza.

Con trémulas pisadas, me senté a su lado
conversamos sin parar de ambos,
o no, tal vez de ella y de mí, que es más exacto,
desde ese día, como todos los días,
durante muchos años, conversamos,
del día y la noche, de hombre y mujer,
de lo dulce y amargo, de ella y de mí.

Desde ese día, ha pasado ya mucho tiempo,
me es imposible seguir hablando de ella,
guarden silencio, que no haya ruidos,
aquí sentada a mi lado,
como la mañana del parque y las palomas,
mece las ganas de dormir del hijo de nuestras entrañas.

Reflexión

Si mi mirada es triste y perdida, si mis ojos reflejan un profundo cansancio; me inquieta, más no me mortifica.

Aunque el incólume comportamiento ante el cambiar de tinieblas y días es irreverente e imperdonable a los ojos del creador, sin duda sé que comprenderá que no se trata de un simple capricho o desacato, sabrá que hace parte del compromiso con la existencia misma, del compromiso con la ineludible misión de explorar sin rendirse, nuevos horizontes que brinden un mejor mañana.

* * *

Comienza un nuevo día, trayendo consigo nuevas expectativas. La tarea es aún larga, pero motivante sin igual. Abril de 1996.